Biblioteca Âyiné
8

Pela supressão dos partidos políticos

Simone Weil
Pela supressão dos
partidos políticos
Título original
Note sur la suppression
générale des partis
politiques
Tradução
Lucas Neves
Preparação
Fernanda Alvares
Revisão
Ana Martini
Andrea Stahel
Imagem da capa
Julia Geiser
Projeto Gráfico
Daniella Domingues

Direção editorial
Pedro Fonseca
Direção de arte
Daniella Domingues
Produção executiva
Gabriela Forjaz
Redação
Andrea Stahel
Editora convidada
Alice Ongaro Sartori
Comunicação
Tommaso Monini
Comercial
Renan Vieira
Site
Sarah Matos
Administrativo
Lorraine Bridiene

Os textos foram publicados postumamente pela primeira vez na revista La Table Ronde em 1950 nos números 28 e 36. Sucessivamente foram publicados no volume *Écrits de Londres et dernières lettres*, Paris: Gallimard, 1957.

Segunda edição
© Editora Âyiné, 2025

Editora Âyiné
Praça Carlos Chagas, 49
Belo Horizonte
30170-140
+55 31 3291-4164
www.ayine.com.br
info@ayine.com.br

Isbn 978-65-86683-67-7

Simone Weil

Pela supressão dos partidos políticos

Tradução
Lucas Neves

9   Pela supressão
    dos partidos políticos
43 A pessoa e o sagrado

Pela supressão dos partidos políticos

A palavra «partido» é tomada aqui no sentido que possui no continente europeu. A mesma palavra designa uma realidade bastante distinta nos países anglo-saxões. Ela tem raiz na tradição inglesa e não é transplantável. Um século e meio o comprova a contento. Existe nos partidos anglo-saxões um elemento de jogo, de esporte, que só pode haver em uma instituição de origem aristocrática; já numa instituição que de saída é plebeia, tudo é sério.

A ideia de partido não tinha guarida na concepção política francesa de 1789, a não ser como mal a evitar. Mas houve então o clube dos jacobinos. No começo, era só um lugar de discussão livre. Não foi nenhum mecanismo fatal que o transformou. O que fez dele um partido totalitário foi exclusivamente a pressão da guerra e da guilhotina.

As lutas das facções sob o Terror foram governadas pelo pensamento bem formulado por Tomski:[1] «Um partido no poder e todos os outros na prisão». Dessa maneira, o totalitarismo é o pecado original dos partidos no continente europeu.

A herança do Terror, de um lado, e a influência do exemplo inglês, de outro, instalaram os partidos na vida pública europeia. O fato de eles existirem não é justificativa plausível para mantê-los. Apenas o bem é razão legítima para conservar algo. O mal dos partidos políticos salta aos olhos. A questão a analisar é se há neles um bem que se sobrepõe ao mal e torna sua existência desejável.

O mais adequado, no entanto, é perguntar: há neles uma parcela infinitesimal de bem? Eles não encarnam o mal em estado puro ou quase isso?

Se eles são o mal, é certo que na prática só podem gerar mal. É um artigo de fé. «Uma árvore boa nunca carrega frutos ruins, assim como uma árvore podre não leva bons frutos.»

Mas é preciso antes de tudo identificar qual é o critério do bem.

---

[1] Dirigente de sindicatos soviéticos nos anos 1920 e figura proeminente do «bloco da direita», Mikhaïl Pavlovitch Efrémov (1881-1936), conhecido como Mikhaïl Tomski, integrou a velha guarda bolchevique eliminada por Stálin. [N. E.]

Só pode ser a verdade, a justiça e, num segundo grau, a utilidade pública.

A democracia e o poder da maioria não são bens. São meios com vistas ao bem, avaliados como eficazes com ou sem razão. Se a República de Weimar, em vez de Hitler, tivesse decidido pelas vias mais rigorosamente parlamentares e legais de colocar os judeus em campos de concentração e torturá-los com requinte até a morte, as torturas não teriam um átomo a mais de legitimidade do que têm agora. Ora, coisa assim não é totalmente inconcebível.

Só o que é justo é legítimo. O crime e a mentira jamais o são.

Nosso ideal republicano advém inteiramente da noção de vontade geral devida a Rousseau. Mas o significado dessa noção foi perdido logo após sua criação, pois ela é complexa e pede um nível elevado de atenção.

Com exceção de alguns capítulos, poucos livros são tão belos, fortes, lúcidos e claros quanto *Do contrato social*. Dizem que raros foram tão influentes. Mas na verdade tudo aconteceu e continua acontecendo como se ele jamais tivesse sido lido.

Rousseau partia de duas evidências. A primeira era que a razão distingue e escolhe a justiça e a utilidade inocente — e que todo crime tem por motor a paixão. A outra era que a razão é invariável de homem para homem, ao passo que as paixões quase sempre variam. Donde que, se cada um reflete sozinho e expressa uma opinião sobre um problema geral, e se em seguida as opiniões são cotejadas, é possível que coincidam no que diz respeito à justiça e à temperança, mas difiram no capítulo das injustiças e equívocos.

É somente com base em um raciocínio como esse que se admite que o *consenso* universal indica a verdade.

A verdade é uma. A justiça é uma. Os erros e as injustiças são indefinidamente variáveis. Logo, os homens convergem no que é justo e verdadeiro, enquanto a mentira e o crime os fazem divergir sem parar. Sendo a união uma força material, pode-se esperar encontrar nela um trunfo para fazer a verdade e a justiça serem materialmente mais potentes do que o crime e o equívoco aqui embaixo.

É necessário um mecanismo apropriado. Se a democracia configura tal coisa, ela é boa. Em caso negativo, não.

Um querer injusto comum a toda a nação não é em nada superior, aos olhos de Rousseau (e ele tinha razão), a um querer injusto de um homem.

Ele pensava simplesmente que, com frequência, um querer comum a todo um povo está de acordo com a justiça, pela neutralização mútua e pela compensação das paixões particulares. Para ele, esse era o único motivo para preferir o querer do povo a um querer particular.

Assim é que, dada massa de água, ainda que composta de partículas que se movem e se chocam sem parar, está em equilíbrio e repouso perfeitos. Ela reflete a imagem dos objetos com verdade inquestionável. Indica perfeitamente o plano horizontal. Informa sem erro a densidade dos objetos nela mergulhados.

Se indivíduos inflamados, propensos pela paixão ao crime e à mentira, se organizam como a água em um povo verdadeiro e justo, então é bom que o povo seja soberano. Uma constituição democrática é boa se, antes de mais nada, consegue instaurar no povo esse estado de equilíbrio; e depois se ela (e somente ela) faz com que os quereres do povo sejam executados.

O verdadeiro espírito de 1789 não consiste em pensar que uma coisa é justa porque o povo a quer, mas que, em certas condições, o querer do povo tem mais chances do que qualquer outro de estar em concordância com a justiça.

Existem várias condições indispensáveis para aplicar a noção de vontade geral. Cumpre atentar especialmente para duas.

Uma é que, no momento em que o povo tomar consciência de um de seus quereres e o expressar, não haja espécie alguma de paixão coletiva.

É evidente que o raciocínio de Rousseau cai por terra a partir do momento em que há paixão coletiva. Ele sabia disso. A paixão coletiva é uma impulsão de crime e de mentira infinitamente mais potente do que qualquer paixão individual. As impulsões daninhas, nesse caso, longe de se neutralizarem, elevam-se mutuamente à milésima potência. A pressão é quase irresistível, a não ser para os santos autênticos.

Agitada por uma corrente violenta e impetuosa, a água já não reflete os objetos, já não oferece uma superfície horizontal, já não informa as densidades.

E pouco importa que ela seja revirada por uma só corrente ou por cinco ou seis que se chocam e criam redemoinhos. Ela é revolvida igualmente em ambos os casos.

Se uma só paixão coletiva galvaniza todo um país, o país inteiro é unânime no crime. Se duas ou quatro ou cinco ou dez paixões coletivas o dividem, ele está fragmentado em vários grupos de criminosos. As paixões divergentes não se neutralizam, como acontece com uma poeira de paixões individuais dissipadas numa massa; a quantidade de paixões coletivas é pequena demais e a força de cada uma delas, demasiado grande, para que possa haver neutralização. A luta as excita. Elas se chocam num barulho totalmente infernal que torna impossível ouvir, por um segundo que seja, a voz da justiça e da verdade, quase sempre imperceptível.

Quando há paixão coletiva em um país, existe a probabilidade de que qualquer vontade particular esteja mais próxima da justiça e da razão do que a vontade geral — ou, melhor dizendo, do que a caricatura desta.

A segunda condição é que o povo seja instado a expressar seu querer em relação aos problemas da vida pública, e não apenas a escolher pessoas. Ainda menos a escolher coletividades irresponsáveis. Pois a vontade geral não tem nada a ver com isso.

Se houve em 1789 determinada expressão da vontade geral (ainda que se tenha adotado o sistema representativo por não se conseguir conceber outro), é porque antes tinha ocorrido algo bem diferente de eleições. Tudo o que havia de vivaz no país — e este então transbordava de vida — tinha buscado expressar um pensamento pela via dos cadernos de reivindicações. Os representantes tinham se revelado em sua maioria ao longo dessa cooperação reflexiva, levavam consigo o calor dela. Sentiam o país atento a suas palavras e monitorando com zelo se elas traduziam com fidelidade suas aspirações. Durante algum tempo — pouco tempo —, esses cadernos foram efetivamente meios de expressão do pensamento público.

Coisa assim nunca mais se produziu.

O simples enunciado dessas duas condições mostra que nunca conhecemos algo que se assemelhe (mesmo que remotamente) a uma democracia. Naquilo a que damos esse nome, o povo jamais tem a oportunidade ou os meios de expressar uma opinião sobre qualquer problema da vida pública. E tudo o que escapa aos interesses particulares é abandonado às paixões coletivas, as quais são sistemática e oficialmente incentivadas.

O próprio uso das palavras «democracia» e «república» obriga a examinar com atenção extrema os dois problemas seguintes:

Como dar aos homens que compõem o povo francês a possibilidade eventual de expressar um juízo sobre os grandes problemas da vida pública?

Como impedir, no momento em que o público é sabatinado, que circule através dele qualquer tipo de paixão coletiva?

Se não se pensa nesses dois pontos, é inútil falar em legitimidade republicana.

Não é fácil conceber soluções. Mas parece óbvio, após análise detida, que qualquer solução implicaria em primeiro lugar a supressão dos partidos políticos.

Para avaliar os partidos políticos segundo o critério da verdade, da justiça e do bem público, convém começar pela identificação de suas características essenciais.

Podemos enumerar três:

Um partido político é uma máquina de fabricar paixão coletiva.

Um partido político é uma organização construída de modo que exerça uma pressão coletiva sobre cada um dos seres humanos que são membros dele.

O fim primeiro (e, em última análise, único) de todo partido político é seu próprio crescimento, sem limite.

Tendo em vista essa tríade de características, todo partido é totalitário, em potencial e em aspiração. Se ele não o é expressamente, é apenas porque aqueles que o rodeiam o são tanto quanto ele.

Esses três traços são verdades indiscutíveis para qualquer um que tenha se aproximado da vida dos partidos.

O terceiro traço é um caso particular de um fenômeno que se produz em todo lugar em que o coletivo domina os seres pensantes. É a inversão da relação entre fim e meio. Em todo lugar, sem exceção, todas as coisas em geral tidas como fins são, por natureza, por definição, por essência e da forma mais evidente, unicamente meios. Poderíamos citar tantos exemplos quanto quiséssemos, em todos os campos. Dinheiro, poder, Estado, grandeza nacional, produção econômica, diplomas universitários e muitos outros.

Apenas o bem é um fim. Tudo o que pertence ao campo dos fatos é da ordem dos meios. Mas o pensamento coletivo é incapaz de se erguer acima da esfera dos fatos. Trata-se de um pensamento animal, cuja noção do bem é suficiente apenas para levá-lo a cometer o erro de tomar um ou outro meio por um bem absoluto.

Assim são os partidos. Um partido é, em princípio, um instrumento para servir a certa concepção do bem público.

Essa afirmação é válida mesmo para aqueles que são ligados aos interesses de uma categoria social, pois há sempre uma concepção do bem público que o faz coincidir com esses interesses. Mas tal concepção é bastante vaga. Isso se aplica sem exceção e quase sem diferença de intensidade. Os partidos mais inconsistentes e os mais estritamente organizados são iguais na vagueza da doutrina. Nenhum homem, por mais que tivesse feito um estudo profundo da política, seria capaz de fazer uma explanação clara e precisa sobre a doutrina de qualquer partido — incluindo, se fosse o caso, o seu.

As pessoas pouco confessam isso a si mesmas. Se o fizessem, seriam ingenuamente tentadas a ver aí um sinal de incapacidade profissional, por não terem percebido que a expressão «doutrina de um partido político» não pode nunca, pela natureza das coisas, significar o que quer que seja.

Ainda que tenha passado a vida a escrever e a examinar problemas relativos a ideias, um homem só muito raramente possui uma doutrina. Uma coletividade jamais a tem. Não se trata de um produto coletivo.

Pode-se falar, é verdade, de doutrina cristã, doutrina hindu, doutrina pitagórica, e assim por diante. O que é então designado por esse vocábulo não é nem individual nem coletivo; trata-se de algo situado infinitamente acima de ambos os campos. É pura e simplesmente a verdade.

O fim a que se destina um partido político é algo vago e irreal. Se fosse real, exigiria um enorme esforço de atenção, já que uma concepção do bem público não é coisa simples de formular. A existência de um partido é palpável, evidente; seu reconhecimento não exige esforço. Dessa forma, é inevitável que o partido seja um fim em si mesmo.

Essa condição instaura de pronto uma idolatria, pois só Deus é legitimamente um fim em si mesmo.

A transição é fácil. Estabelece-se como truísmo que a condição necessária e suficiente para que o partido sirva de maneira eficaz à concepção do bem público sobre a qual se funda é que ele detenha uma grande quantidade de poder.

Mas nenhuma quantidade definida de poder pode ser vista como suficiente, sobretudo uma vez que foi obtida. Por causa da ausência de pensamento, o partido se vê num estado contínuo de impotência, que atribui sempre à insuficiência do poder de que dispõe. E, mesmo que controlasse totalmente o país, as necessidades internacionais lhe imporiam limites.

Dessa maneira, a tendência essencial dos partidos revela-se totalitária, não apenas na escala nacional mas também no que diz respeito ao globo terrestre. É justamente por ser uma ficção, uma coisa vazia, sem realidade, que a concepção do bem público própria a este ou àquele partido impõe a busca da potência total. Toda realidade implica um limite. O que não existe não é jamais limitável.

É por isso que há afinidade, aliança, entre o totalitarismo e a mentira.

Muitas pessoas, é verdade, nunca pensam em uma potência total. Essa imagem as amedrontaria. Ela é vertiginosa, e é necessária uma espécie de grandeza para sustentá-la. Essas pessoas, quando demonstram interesse por um partido, contentam-se em desejar seu crescimento — mas como um ente que não comporta limites. Se há três membros a mais nesse ano do que no anterior, ou se a arrecadação foi de cem francos a mais, elas ficam contentes. Mas querem que esse movimento se prolongue indefinidamente. Nunca avaliarão que seu partido possa ter excesso de integrantes, eleitores demais, dinheiro de sobra.

O temperamento revolucionário leva a imaginar a totalidade. Já o temperamento pequeno-burguês leva à acomodação na imagem de um progresso lento, contínuo e sem limite. Mas em ambos os casos o crescimento material do partido vira o único critério em vista do qual o bem e o mal são definidos. Como se o partido fosse um animal destinado à engorda, e o universo tivesse sido criado para fazê-lo ganhar peso.

Não se pode servir a Deus e a Mamon. Se temos um critério para avaliar o bem que não seja o próprio bem, então perdemos a noção de bem.

A partir do momento em que o crescimento do partido constitui um critério do bem, manifesta-se inevitavelmente uma pressão coletiva do partido sobre a mente dos homens. Essa pressão é sensível, ela se expõe publicamente. É confessada, proclamada. Despertaria horror em nós, se o costume já não nos tivesse endurecido tanto.

Os partidos são organismos constituídos pública e oficialmente com vistas a matar o senso de verdade e de justiça nas almas.

A pressão coletiva é exercida sobre o público geral pela propaganda. O objetivo declarado da propaganda é convencer, e não transmitir luz. Hitler percebeu muito bem que a propaganda é sempre uma tentativa de subjugar os espíritos. Todos os partidos fazem propaganda. Aquele que não a fizesse desapareceria, dado que os outros a fazem. Todos o reconhecem. Nenhum é audacioso o suficiente na mentira para afirmar que realiza a educação do público, que está formando o juízo do povo.

É fato que os partidos falam em educação no que se refere a quem os procura, aos simpatizantes, aos jovens, aos novos filiados. Esse termo é uma mentira. Trata-se de uma domesticação para preparar o controle bem mais rigoroso que o partido exerce sobre a mente de seus membros.

Suponhamos um membro de um partido — deputado candidato à função ou simplesmente militante — que assuma publicamente o seguinte compromisso: «Todas as vezes que examinar qualquer problema político ou social, comprometo-me a esquecer totalmente o fato de que sou membro de determinado grupo e a me preocupar exclusivamente em discernir o bem público e a justiça».

Essa formulação seria muito mal acolhida. Seus correligionários e mesmo terceiros o acusariam de traição. Os menos hostis diriam: «Mas então por que ele se filiou a um partido?» — confessando assim ingenuamente que, ao entrar para um, renuncia-se a buscar apenas o bem público e a justiça. Esse homem seria excluído de seu partido ou na melhor das hipóteses perderia a nomeação ao cargo. Ele certamente não seria eleito.

Mas, bem além disso, não parece nem sequer possível que um discurso assim seja pronunciado. Em verdade, salvo engano, nunca o foi. Se palavras próximas a essas foram ditas, foi somente por homens desejosos de governar com o apoio de outros partidos além do seu. Tais palavras soavam então como uma espécie de desonra.

Por outro lado, encara-se com naturalidade e acha-se razoável e honroso que alguém diga «como conservador...» ou «como socialista, penso que...».

Isso, reconheçamos, não é exclusivo dos partidos. Ninguém enrubesce por dizer «como francês, penso que...» ou «como católico, penso que...».

Jovens que se diziam ligadas ao gaullismo como a um análogo francês do hitlerismo acrescentavam: «A verdade é relativa, até na geometria». Elas tocavam no x da questão.

Se não há verdade, é legítimo pensar de maneiras distintas conforme se é assim ou assado. Como temos cabelo preto, moreno, ruivo ou louro, porque os temos, vamos emitir este ou aquele pensamento. O pensamento, à imagem dos cabelos, torna-se então o resultado de um processo físico de eliminação.

Se reconhecemos existir uma verdade, só é permitido pensar o que é verdadeiro. Pensamos então alguma coisa não por sermos franceses, ou católicos, ou socialistas, mas porque a luz irresistível da evidência nos obriga a pensar assim, e não de outra forma.

Se não há evidência, mas dúvida, é óbvio que, no estado de conhecimento de que dispomos, a questão é duvidosa. Se há uma pequena probabilidade de um lado, é evidente que existe uma pequena probabilidade, e assim por diante. Em todos os casos, a luz interior concede a quem quer que a consulte uma resposta indiscutível.

O teor dessa resposta é mais ou menos afirmativo; pouco importa. Ele está sempre sujeito a revisões, mas nenhuma correção lhe pode ser feita, a não ser por mais luz interior.

Se o homem que integra um partido está completamente resolvido a ser fiel em todos seus pensamentos apenas à luz interior e a nada mais, ele não pode compartilhar essa convicção com seu partido. Portanto, está mentindo para seu partido.

É uma situação que só pode ser aceita por causa da necessidade de estar num partido para tomar parte com eficácia nas questões públicas. Mas então essa necessidade configura um mal, e é preciso pôr fim a ele suprimindo os partidos.

Um homem que não se resolveu a ser fiel apenas à luz interior instala a mentira no centro de sua alma. A punição para isso são as trevas interiores.

Tentaríamos em vão nos livrar dela invocando a diferença entre a liberdade interior e a disciplina exterior. Em vão, pois seria preciso mentir para o público, diante de quem todo candidato, todo eleito, tem a obrigação particular da verdade.

Se estou me preparando para dizer, em nome do partido, coisas que estimo contrárias à verdade e à justiça, vou indicá-lo em aviso anterior? Se não o fizer, estarei mentindo.

Dessas três formas de mentira (ao partido, ao público e a si mesmo), a primeira é de longe a menos ruim. Mas, se a filiação a um partido força inevitavelmente à mentira, então a existência dos partidos é incondicionalmente má.

Era comum ver anúncios de reunião: o sr. X apresentará o ponto de vista comunista (sobre o problema que é objeto da reunião). O sr. Y exporá o ponto de vista socialista. O sr. Z falará do ponto de vista radical.

Como esses desafortunados faziam para conhecer o ponto de vista que deveriam expor? Quem é que podiam consultar? Que oráculo? Uma coletividade não tem língua nem pena. As ferramentas de expressão são todas individuais. A coletividade socialista não se encarna em nenhum indivíduo. Tampouco a radical. A coletividade comunista reside em Stálin, mas ele está longe; não é possível telefonar para ele antes de falar numa reunião.

Não, os srs. X, Y e Z se aconselhavam a si mesmos. Mas, como eram honestos, punham-se primeiro em um estado mental especial, um estado parecido com aquele em que os havia posto tantas vezes a atmosfera dos círculos comunista, socialista e radical.

Se, tendo sido colocados nesse estado, nos deixamos guiar por nossas reações, engendramos naturalmente uma linguagem em conformidade com os «pontos de vista» comunista, socialista e radical.

Desde que, é claro, impeça-se rigorosamente qualquer esforço de atenção com vistas a distinguir a justiça e a verdade. Se empreendêssemos tal esforço, correríamos o risco de — ápice do horror — expressar um «ponto de vista pessoal».

Isso porque, nos dias atuais, a dedicação aferrada à justiça e à verdade é tida como resposta a um ponto de vista pessoal.

Quando Pôncio Pilatos perguntou a Cristo: «O que é a verdade?», Cristo não respondeu. Já o tinha feito antecipadamente, ao dizer: «Vim testemunhar pela verdade».

Só há uma resposta. A verdade são os pensamentos que surgem no espírito de uma criatura pensante única, total e exclusivamente desejosa da verdade.

A mentira, o equívoco — palavras sinônimas — são os pensamentos dos que não desejam a verdade e dos que desejam a verdade e algo a mais. Por exemplo, dos que almejam a verdade e, além dela, a conformidade com este ou aquele pensamento estabelecido.

Mas como desejar a verdade sem nada saber dela? Eis o mistério dos mistérios. As palavras que encarnam uma perfeição inimaginável para o homem — «Deus», «verdade», «justiça» —, se pronunciadas internamente com vontade, sem ser ligadas a nenhum conceito, têm o poder de elevar a alma e inundá-la de luz.

É desejando a verdade sem objeto preciso e sem tentar adivinhar-lhe de antemão o conteúdo que se recebe a luz. Aí está todo o mecanismo da atenção.

É impossível examinar os problemas terrivelmente complexos da vida pública permanecendo atento, de um lado, à distinção da verdade, da justiça e do bem público, e, de outro, à atitude que convém a um membro de um grupo dessa natureza. A faculdade humana de atenção não é capaz de manejar simultaneamente esses dois objetos. Em verdade, qualquer pessoa que se dedique a um deles esquece o outro.

Mas nenhum sofrimento espera quem abandona a justiça e a verdade. Já o sistema dos partidos prevê penalidades das mais dolorosas para a indocilidade, a indisciplina. Penalidades que atingem quase tudo — a carreira, os sentimentos, a amizade, a reputação, a parte externa da honra, às vezes até a vida familiar. O Partido Comunista levou esse sistema à perfeição.

Mesmo em quem não cede internamente, a existência de penalidades altera o discernimento. Pois, se ele quer reagir ao controle do partido, essa vontade de reação é em si mesma uma força motriz alheia à verdade — e é preciso desconfiar dela. Mas a desconfiança também o é, e assim por diante. A atenção verdadeira é um estado tão difícil para o homem, tão violento, que qualquer desarranjo pessoal da sensibilidade se torna obstáculo a ela. Donde a obrigação imperiosa de proteger tanto quanto possível a faculdade de discernimento que levamos em nós contra o tumulto das esperanças e dos temores pessoais.

Se um homem faz cálculos numéricos muito complexos sabendo que será açoitado a cada vez que obtiver um número par como resultado, sua situação é bastante difícil. Alguma coisa na parte primordial da alma o impelirá a fazer pequenos ajustes nos cálculos a fim de sempre obter números ímpares. Buscando reagir, ele arriscará achar um número par mesmo onde este não caiba. Aprisionada a essa oscilação, sua atenção já não está intacta. Se os cálculos são complexos a ponto de exigir dele atenção plena, é inevitável que cometa erros com muita frequência. Nada valerá que seja muito inteligente, corajoso ou fiel à verdade.

O que ele deve fazer? É muito simples. Se pode escapar das mãos das pessoas que o ameaçam, deve fugir. Se evitou cair nas mãos delas, deve continuar a fazê-lo.

O mesmo vale para os partidos políticos.

Quando há partidos políticos em um país, mais cedo ou mais tarde chega-se a um estado tal que fica impossível intervir com eficácia nas questões públicas sem filiar-se a um partido e jogar o jogo. Qualquer um que se interesse pela coisa pública quer fazê-lo com eficácia. Assim, aqueles propensos a se preocupar com o bem público ou renunciam a pensar nele e voltam a atenção para outra coisa, ou passam pela dura prova dos partidos. Nesse caso, suas preocupações não incluirão aquela com o bem público.

Os partidos são um mecanismo maravilhoso, pela virtude do qual, em toda a extensão de um país, nenhum espírito sequer se consagra ao esforço de discernir o bem, a justiça e a verdade nos assuntos públicos.

Resulta disso que (salvo em alinhamentos raros de coincidências fortuitas) só são decididas e executadas medidas contrárias ao bem público, à justiça e à verdade.

Se confiássemos ao diabo a organização da vida pública, ele não lograria conceber algo mais engenhoso do que isso.

Se a realidade foi um pouco menos sombria, é porque os partidos ainda não haviam devorado tudo. Mas, no fim das contas, será que ela foi mesmo um pouco menos sombria? Não foi tão sinistra quanto o quadro que pintamos aqui? O acontecimento não o mostrou?

É preciso reconhecer que o mecanismo de opressão espiritual e mental próprio aos partidos foi introduzido historicamente pela Igreja Católica, quando de sua luta contra a heresia.

Um convertido que entra para a Igreja — ou um fiel que delibera consigo mesmo e resolve permanecer nela — divisou no dogma o verdadeiro e o bem. Mas, ao dar esse passo, ele simultaneamente professa não ser atingido pelos *anathema sit*,[2] ou seja, aceitar sem reservas todos os artigos ditos «de fé estrita». Esses artigos, ele não os estudou. Mesmo com um alto grau de inteligência e cultura, uma vida inteira não seria suficiente para tal estudo, dado que implica a revisão das circunstâncias históricas de cada condenação.

Como aderir a afirmações que desconhecemos? Basta nos submetermos

---

[2] Tradução para o latim da fórmula registrada por Paulo, em Gálatas 1,8: «Que ele/ela seja anátema» (excomungado). [N. E.]

incondicionalmente à autoridade da qual elas emanam.

É por isso que são Tomás só aceita sustentar suas afirmações na autoridade da Igreja, excluindo qualquer outro argumento. Porque, segundo ele, para os que aceitam essa autoridade, não são necessários outros argumentos; ao mesmo tempo, nenhum argumento convenceria os que a rechaçam.

Dessa forma, a luz interior da evidência, essa faculdade de discernimento concedida de cima à alma humana em resposta ao desejo de verdade, é rejeitada, condenada a tarefas servis, como fazer somas, excluída de todas as buscas relativas ao destino espiritual do homem. O motor da mente deixa de ser o desejo incondicional, indefinido, da verdade para ser o desejo de conformidade com um ensinamento previamente estabelecido.

O fato de a Igreja fundada por Cristo ter de tal maneira sufocado o espírito de verdade — e se, apesar da Inquisição, ela não o fez completamente, foi porque a mística oferecia um abrigo seguro — constitui uma ironia trágica. Isso se percebeu com frequência. Mas outra ironia trágica passou mais incólume: a de que o movimento de revolta contra o sufocamento dos espíritos sob a Inquisição se orientou no sentido de dar prosseguimento a essa repressão espiritual.

A Reforma e o humanismo renascentista, produto duplo dessa revolta, contribuíram amplamente para gerar, depois de três séculos de amadurecimento, o espírito de 1789. Deste resultou, depois de certo tempo, nossa democracia fundada no jogo de partidos, cada um deles uma pequena igreja profana armada da ameaça de excomunhão. A influência dos partidos contaminou a vida mental de nossa época.

Um homem que adere a um partido aparentemente identificou em sua ação e propaganda coisas que lhe pareceram justas e boas. Mas jamais estudou a posição do partido em relação a todos os problemas da vida pública. Ao entrar para o partido, ele aceita posições que desconhece. Assim, submete seu pensamento à autoridade do partido. Quando, paulatinamente, descobrir suas posições, ele as aceitará sem analisá-las detidamente.

É exatamente a situação em que se encontra quem adere à ortodoxia católica estabelecida, como faz são Tomás.

Se um homem dissesse, ao pedir sua carta de filiação, «Estou de acordo com o partido sobre tal, tal e tal pontos; ainda não analisei as outras posições e me abstenho de opinar enquanto não o tiver feito», sem dúvida lhe pediriam para voltar mais tarde.

Mas na verdade, salvo raríssimas exceções, um homem que entra para um partido adota docilmente a postura que expressará mais adiante pelas palavras:

«Como monarquista, como socialista, penso que...» É tão cômodo! Pois é um não pensar. E não há nada mais cômodo do que não pensar.

Quanto ao terceiro traço dos partidos, isto é, o fato de serem máquinas de fabricação de paixão coletiva, ele é tão saliente que não precisa nem ser demonstrado. A paixão coletiva é a única energia de que os partidos dispõem para sua propaganda externa e para exercer pressão sobre a alma de cada membro.

Reconhece-se que o espírito de partido cega, ensurdece diante da justiça, impele até mesmo as pessoas mais honestas à investida cruel contra inocentes. Confessa-se isso, mas não se concebe suprimir os organismos que engendram tal espírito.

No entanto, proíbem-se as drogas.

Há, ainda assim, pessoas que as consomem avidamente. Mas elas seriam mais numerosas se o Estado organizasse a venda de ópio e cocaína em todas as tabacarias, com cartazes de publicidade para incentivar o consumo.

A conclusão é que a instituição dos partidos parece constituir um mal quase puro, cristalino. Eles são ruins em princípio; em termos práticos, seus efeitos também.

A supressão dos partidos constituiria um bem quase puro. Ela é eminentemente legítima em princípio e parece suscetível de gerar quase só resultados bons.

Os candidatos não dirão aos eleitores «Levo esta etiqueta política» — o que na prática não informa rigorosamente nada ao público a respeito de suas atitudes concretas diante de um problema —, mas sim «Penso tal, tal e tal coisa sobre tal, tal e tal grande problema».

Os eleitos farão alianças ou serão antagonistas conforme o jogo natural e dinâmico das afinidades. Posso perfeitamente estar de acordo com o sr. A sobre a colonização e discordar dele no que tange à propriedade rural; e inversamente no caso do sr. B. Se a pauta é colonização, vou, antes da sessão, discutir um pouco com o sr. A. Se o assunto é propriedade rural, com o sr. B.

A cristalização artificial em partidos coincidia tão pouco com afinidades reais que um deputado podia discordar de um correligionário em todos os atos concretos e simultaneamente se alinhar a um adversário.

Quantas vezes na Alemanha, em 1932, um comunista e um nazista que discutiam na rua não se viram atordoados diante da constatação de que estavam de acordo em todos os tópicos de conversação. Fora do Parlamento, como havia revistas de ensaios (*revues d'idées*), formavam-se em torno delas círculos. Estes deviam ser mantidos em estado de fluidez. É a fluidez que distingue um círculo de afinidade de um partido e o impede de exercer má influência. Quando se têm relações amistosas com o diretor de uma revista dessa natureza, com quem escreve para ela, ou quando se é seu redator, sabe-se estar em contato com o círculo dessa publicação. Mas não se sabe se é parte integrante dela, já que não existe distinção entre o dentro e o fora. Mais longe, há aqueles que leem a revista e conhecem um ou dois de seus colaboradores. Mais além, os leitores assíduos que se inspiram nos escritos ali editados. Ainda mais longe, os leitores eventuais. Mas ninguém pensaria ou diria: «Como pessoa ligada a tal revista, acho que...».

Quando os colaboradores de uma revista se declaram candidatos em eleições, devem ser proibidos de invocá-la. Deve-se interditar que a revista referende oficialmente a candidatura dele ou lhe dê apoio direto ou indireto — ou até mesmo que o mencione.

Qualquer grupo de «amigos» de determinada revista deveria ser proscrito.

Se uma revista impede seus colaboradores, sob pena de rescisão contratual, de colaborar com outras publicações (sejam quais forem), ela deve ser suprimida assim que o fato ficar comprovado.

Isso implica um regime de imprensa que inviabilize publicações para as quais é desonroso colaborar (como *Gringoire*, *Marie Claire* etc.).

Toda vez que um círculo tentar se cristalizar delimitando a qualidade de membro, haverá repressão penal assim que o fato ficar caracterizado.

É claro que haverá partidos clandestinos. Mas seus membros terão a consciência pesada. Eles já não poderão professar publicamente seu espírito servil. Não poderão fazer propaganda alguma em nome do partido. Este tampouco poderá mantê-los em uma rede sem saída de interesses, sentimentos e obrigações.

Toda vez que uma lei é imparcial, equânime e fundada sobre um entendimento do bem público de fácil assimilação pelo povo, ela enfraquece tudo o que interdita. E o faz simplesmente por existir, independentemente das medidas repressivas que tentam garantir sua aplicação.

Essa majestade intrínseca à lei é um fator da vida pública esquecido há muito tempo e do qual é preciso se servir.

Não há, na existência dos partidos clandestinos, nenhum inconveniente que não seja possível encontrar em um nível muito mais elevado nos partidos legais.

De maneira geral, uma análise detida não parece indicar, sob nenhum critério, inconveniente de qualquer espécie ligado à supressão dos partidos.

Por um paradoxo singular, medidas desse tipo, sem inconvenientes, são na verdade as menos suscetíveis a serem adotadas. Fala-se: se são tão simples, por que ninguém as adota há tempos?

Entretanto, as grandes coisas geralmente são fáceis e simples.

A supressão dos partidos estenderia sua virtude de limpeza para bem além dos assuntos públicos. Pois o espírito de partido conseguiu contaminar tudo.

As instituições que determinam o jogo da vida pública sempre têm influência na totalidade do pensamento de um país, por causa do prestígio do poder.

Chegamos ao ponto de quase só se conseguir pensar, em qualquer campo, em termos de «a favor» ou «contra» dada opinião. Em seguida, de acordo com cada caso pelo «a favor» ou pelo «contra». É a transposição exata da adesão a um partido.

Assim como há nos partidos políticos democratas que admitem uma pluralidade de partidos, existem no campo das opiniões pessoas não sectárias que reconhecem o valor das opiniões com as quais não concordam.

É perder a noção do que é verdadeiro e do que é falso.

Outras pessoas, tendo se posicionado de um lado, não aceitam considerar nada que rivalize com sua opinião. É a transposição do espírito totalitário.

Quando Einstein veio à França, todo mundo nos meios mais ou menos intelectuais, incluindo os estudiosos, se dividiu em dois campos, a favor e contra. Todo novo pensamento científico tem seus partidários e seus detratores, impulsionados, de um lado e de outro (num nível lamentável), pelo espírito de partido. Há nesses círculos tendências, conchavos em estado mais ou menos cristalizado.

Na arte e na literatura, é ainda mais visível. O cubismo e o surrealismo foram espécies de partidos. Podia-se ser «gidiano» ou «maurasiano». Para ser celebrizado, é útil se cercar de um grupo de admiradores movidos pelo espírito de partido.

Da mesma forma, não havia grande diferença entre o apego a um partido e aquele a uma Igreja (ou à postura antirreligiosa). Era-se a favor ou contra a crença em Deus, a favor ou contra o cristianismo, e assim por diante. Chegou-se a falar, em referência à religião, em militantes.

Até mesmo nas escolas só se sabe estimular o raciocínio das crianças convidando-as a tomar partido a favor ou contra. Citam uma frase de um autor reconhecido e perguntam a elas: «Vocês concordam ou não? Apresentem seus argumentos». Na hora da prova, os coitados, tendo de terminar a dissertação ao fim de três horas, não podem passar mais do que cinco minutos se perguntando se estão de acordo. Seria tão fácil dizer a eles: «Meditem sobre esse texto e expressem as reflexões que lhes ocorrerem».

Quase em todo lugar — e com frequência até para problemas puramente técnicos — a operação de tomar partido, de se posicionar a favor ou contra, substituiu a obrigação de pensar.

Trata-se de uma lepra que se originou nos meios políticos e se estendeu, por todo o país, à quase totalidade do pensamento.

É improvável que se possa cuidar dessa lepra que nos mata sem começar pela supressão dos partidos políticos.

A pessoa e o sagrado

Coletividade · Pessoa · Impessoal
Direito · Justiça

«Você não me interessa.» Eis uma frase que um homem não pode dirigir a outro sem cometer uma crueldade e ferir a justiça.

«Sua pessoa não me interessa.» Essa sentença pode ser proferida durante uma conversa afetuosa entre amigos próximos, sem ferir o que há de mais delicadamente suscetível na amizade.

Da mesma forma, é possível dizer, sem perder a dignidade: «Minha pessoa não importa», mas não «eu não importo».

É a prova de que o vocabulário da vertente de pensamento moderno dita personalista está equivocado. E nesse campo, onde há um grave erro lexical, é difícil que não haja também um grave erro de pensamento.

Existe em cada homem algo sagrado. Mas não é sua pessoa. Tampouco é a pessoa humana. É ele, esse homem, pura e simplesmente.

Eis um transeunte na rua que tem braços longos, olhos azuis, um espírito em que circulam pensamentos que ignoro, mas que talvez sejam medíocres.

Não é nem a pessoa dele nem a pessoa humana que me são sagradas. É ele. Ele em sua totalidade. Os braços, os olhos, os pensamentos, tudo. Eu não atentaria contra nada disso sem uma hesitação infinita.

Se a pessoa humana fosse o que há de sagrado nele para mim, eu poderia facilmente cegá-lo. Sem visão, ele será uma pessoa humana, e tanto quanto antes. Eu não terei atingido a pessoa humana nele. Terei atacado apenas seus olhos.

É impossível definir o respeito à pessoa humana. E isso não apenas em palavras. Muitas noções luminosas se encontram nessa situação. Mas essa noção em específico tampouco pode ser concebida; ela não se presta a definição, a delimitação por meio de operação silenciosa do pensamento.

Tomar como regra da moral pública uma noção impossível de definir e de conceber é tornar possível toda espécie de tirania.

A noção de direito, divulgada em escala mundial em 1789, foi incapaz, por sua insuficiência intrínseca, de desempenhar a função confiada a ela.

Misturar duas noções insuficientes evocando direitos da pessoa humana tampouco nos levará muito longe.

O que me impede exatamente de furar os olhos daquele homem, se tenho permissão para isso e se a ideia me compraz?

Ainda que ele me seja integralmente sagrado, ele não o é sob todos os pontos de vista, sob todos os aspectos. Ele não me é sagrado simplesmente porque acontece de seus braços serem longos, de seus olhos serem azuis, de seus pensamentos serem quiçá medíocres. Nem, se é um duque, simplesmente pelo fato de sê-lo. Nem, se é trapeiro, apenas como tal. Nada disso seguraria minha mão.

O que a pararia é saber que, se alguém furasse seus olhos, ele teria a alma despedaçada pelo pensamento de que alguém o machuca.

Desde a tenra infância até a morte, existe no fundo do coração de todo ser humano algo que, não obstante toda a experiência relativa a crimes cometidos, sofridos ou testemunhados, espera invariavelmente a bondade alheia, e não o mal. É isso, antes de tudo, que é sagrado em todo ser humano.

O bem é a única fonte de sagrado. Só o bem e o que lhe é relativo são sagrados.

Essa parte profunda e infantil do coração que espera sempre o bem não está em questão na reivindicação. O garoto que observa ciosamente se o irmão não pegou uma fatia de bolo maior do que a dele se rende a um impulso vindo de uma parte bem mais superficial da alma. A palavra «justiça» tem dois significados bastante distintos, ligados a essas duas partes da alma. Só o primeiro importa.

Toda vez que surge no fundo de um coração humano a queixa infantil que nem Cristo pôde conter — «Por que estão me machucando?» —, decerto há injustiça. Pois, se, como é com frequência o caso, trata-se apenas da consequência de um erro, a injustiça consiste então na insuficiência da explicação.

Aqueles que aplicam os golpes que provocam esse grito cedem a motivações diferentes segundo o temperamento e o momento. Alguns extraem desse grito, em alguns momentos, uma volúpia. Muitos ignoram sua existência. Pois se trata de um grito silencioso a ressoar apenas no segredo do coração.

Esses dois estados de espírito são mais próximos do que se imagina. O segundo não é nada mais do que uma variante atenuada do primeiro. Essa ignorância é mantida porque é prazerosa e por conter ela também uma volúpia. Os únicos limites a nossas vontades são as necessidades da matéria e a existência de outros humanos em torno de nós. Toda ampliação imaginária desses limites é voluptuosa, daí que há volúpia em tudo o que faz esquecer a realidade dos obstáculos. É por isso que as reviravoltas, como a guerra e a guerra civil, que esvaziam as existências humanas de sua realidade, que parecem fazer delas marionetes, são tão embriagantes. É pelo mesmo motivo que a escravidão é tão agradável para o senhorio.

Naqueles que foram repetidamente golpeados, como os escravos, essa parte do coração que o mal infligido faz gritar de surpresa parece morta. Mas ela nunca o está de todo. Apenas não pode mais gritar. Repousa num estado de murmúrio surdo e permanente.

Mas, mesmo naqueles em que o poder do grito continua intacto, este quase não consegue se expressar, nem interna nem externamente, em um discurso articulado. Com frequência, as palavras que tentam traduzi-lo falham completamente.

Isso se torna ainda mais inevitável pelo fato de que aqueles que amiúde sentem-se atacados são os que menos sabem falar. Nada é mais atroz, por exemplo, do que ver, num tribunal, um desdito balbuciar diante de um juiz que faz troça dele em linguagem elegante.

Com exceção da inteligência, a única faculdade humana realmente interessada pela liberdade pública de expressão é essa parte do coração que grita contra o mal. Mas, como ela não sabe se expressar, a liberdade não lhe vale grande coisa. É preciso primeiro que a educação pública seja tal que lhe forneça, o máximo possível, meios de expressão. Em seguida, é necessário um regime para a expressão pública das opiniões que seja definido menos pela liberdade que por uma atmosfera de silêncio e de atenção em que esse grito frágil e desajeitado possa se fazer ouvir. Por fim, é preciso um sistema de instituições que conduza aos postos de comando, tanto quanto possível, os homens capazes e desejosos de ouvir e compreender esse grito.

É evidente que um partido consagrado à conquista e à conservação do poder governamental não consegue distinguir nesse grito nada além de barulho. Ele reagirá de maneiras diferentes, conforme esse ruído atrapalhe o de sua propaganda ou, pelo contrário, engrosse-o. Mas em nenhum caso ele é capaz de lhe oferecer uma atenção terna e sagaz que decifre seu significado.

O mesmo vale, em menor grau, para as organizações que, por contaminação, imitam os partidos — ou seja, quando a vida pública é dominada pelo jogo dos partidos, para todas as organizações, aí incluídos, por exemplo, os sindicatos e até mesmo as Igrejas.

Os partidos e organizações similares, é claro, são também refratários às inquietações da inteligência.

Quando a liberdade de expressão equivale na prática à liberdade de propaganda para as organizações desse tipo, as únicas partes da alma humana que merecem se expressar não são livres para fazê-lo. Ou o são num nível ínfimo, só um pouco mais do que no sistema totalitário.

É esse o caso em uma democracia na qual o jogo entre os partidos dita a distribuição do poder, ou melhor, no que nós, franceses, chamamos até aqui de democracia. Pois não conhecemos outra. É preciso então inventar outra coisa.

O mesmo critério, aplicado de maneira análoga a toda instituição pública, pode levar a conclusões igualmente incontestáveis.

Esse critério não é determinado pela pessoa. O grito de surpresa dolorosa que a incidência do mal suscita no fundo da alma não é da ordem do pessoal. Um ataque à pessoa e a seus desejos não é o suficiente para fazê-lo vir à tona. Ele eclode sempre pela percepção de um contato com a injustiça por meio da dor. Constitui sempre, no último dos homens como em Cristo, um protesto impessoal.

Com frequência ecoam também gritos de protesto pessoal, mas esses não têm importância; podemos provocá-los o quanto quisermos sem violar em nada o sagrado.

O sagrado, em vez de ser a pessoa, é o que, em um ser humano, é impessoal.

Tudo o que é impessoal no homem é sagrado, e só isso. Nesta época em que escritores e pesquisadores usurparam estranhamente o lugar de padres, o público reconhece, com uma indulgência desprovida de fundamento racional, que as faculdades artísticas e científicas são sagradas. Isso é geralmente tido como óbvio, ainda que esteja longe de sê-lo. Quando se crê necessário fornecer uma justificativa, alega-se que o funcionamento de tais faculdades figura entre as formas mais elevadas de realização da pessoa humana.

Frequentemente, ele é de fato apenas isso. Nesse caso, é fácil identificar o valor dessa alegação e o que ela enseja como resultado.

O resultado em relação à vida são atitudes como esta, tão comum em nosso século, expressa na terrível frase de Blake: «Mais vale asfixiar uma criança no berço do que deixar em si um desejo não satisfeito». Ou como a que fez nascer a concepção de ação gratuita. Isso gera uma ciência em que são referendadas todas as espécies possíveis de normas, critérios e valores, com exceção da verdade.

O canto gregoriano, as igrejas romanas, a *Ilíada*, a invenção da geometria não foram, nos seres por quem essas coisas passaram para chegar a nós, instâncias de realização.

A ciência, a arte, a literatura e a filosofia, que são apenas formas de realização da pessoa, constituem um campo em que se produzem sucessos vistosos, gloriosos, os quais fazem nomes ecoarem por milhares de anos. Mas, acima dessa seara, bem acima, separado dela por um abismo, há outro patamar, em que se situam as coisas de primeiríssima ordem. Essas são essencialmente anônimas.

Se o nome dos que chegaram a esse patamar é lembrado ou não, trata-se de puro acaso. Mesmo que tenha sido guardado, eles entraram no anonimato. A pessoa deles desapareceu.

A verdade e a beleza habitam esse domínio das coisas impessoais e anônimas. É ele que é sagrado. O outro não o é, ou, se o é, é somente como o poderia ser uma mancha de cor que, num quadro, representasse uma hóstia.

O que é sagrado na ciência é a verdade. O que é sagrado na arte é a beleza. A verdade e a beleza são impessoais. Isso tudo é patente.

Se uma criança se engana ao realizar uma soma, o erro leva a marca de sua pessoa. Se ela procede de maneira perfeitamente correta, sua pessoa está ausente da operação.

A perfeição é impessoal. A pessoa em nós reside no que temos de equívoco e de pecado. Todo o esforço dos místicos foi sempre no sentido de que não houvesse mais em sua alma parte alguma que dissesse «eu».

Mas a parte da alma que diz «nós» é infinitamente mais perigosa.

A passagem ao impessoal só se dá por uma atenção rara, possível apenas em um estado de solidão. Não somente a solidão de fato, mas a solidão moral. Essa passagem nunca se realiza naquele que se imagina membro de uma coletividade, parte de um «nós».

Os homens em coletividade não têm acesso ao impessoal, mesmo nas formas inferiores deste. Um grupo de seres humanos não pode nem sequer fazer uma soma. Essa operação se realiza em um espírito que esquece momentaneamente que existe qualquer outro.

O pessoal se opõe ao impessoal, mas há passagem de um ao outro. Onde não há passagem é do coletivo ao impessoal. É preciso primeiro que uma coletividade se dissolva em pessoas distintas para que a entrada no impessoal seja possível.

Somente nesse sentido a pessoa participa mais do sagrado do que a coletividade.

A coletividade não só é estrangeira ao sagrado como também engana ao fornecer uma falsa imitação dele.

O erro segundo o qual se atribui à coletividade um caráter sagrado é a idolatria; é o crime mais disseminado de todos os tempos, em todos os países. Aquele para quem só a realização da pessoa conta perdeu a noção do sagrado. É difícil saber qual dos dois erros é pior. Com frequência eles se combinam no mesmo espírito em uma ou outra dosagem. Mas o segundo tem energia e duração bem menores que o primeiro.

Do ponto de vista espiritual, a luta entre a Alemanha de 1940 e a França de 1940 era principalmente uma luta não entre a barbárie e a civilização ou entre o mal e o bem, mas entre o primeiro erro e o segundo. A vitória do primeiro não surpreende; ele é por si o mais forte.

A subordinação da pessoa à coletividade não é um escândalo. Trata-se de um fato mecânico, como a subordinação do grama ao quilograma em uma balança. Na verdade, a pessoa está sempre submetida à coletividade, até e inclusive no que chamamos de realização pessoal.

Por exemplo, os artistas e escritores mais propensos a enxergar sua arte como realização pessoal são, na verdade, os mais submissos ao gosto do público. Victor Hugo não tinha dificuldade em conciliar o culto de si mesmo com o papel de «ecopropagador». São exemplos ainda mais claros disso Wilde, Gide ou os surrealistas. Os pesquisadores que se encontram no mesmo patamar estão eles também sujeitos à moda, cuja influência sobre a ciência é ainda mais poderosa do que sobre o formato dos chapéus. A opinião coletiva dos especialistas é quase soberana sobre cada um deles.

Dado que a pessoa está submetida ao coletivo pela natureza das coisas, inexiste um direito natural que diga respeito a ela.

Tem razão quem diz que, na Antiguidade, não havia a noção do respeito devido à pessoa. O pensamento da época era claro demais para uma noção tão confusa.

O ser humano só escapa ao coletivo pondo-se acima do pessoal para penetrar no impessoal. Nesse momento, há algo nele, uma parcela de sua alma, sobre a qual nada que diga respeito ao coletivo tem controle. Se ele consegue criar raízes nesse bem impessoal, ou seja, se consegue extrair dele uma energia, está em condição (toda vez que se sentir obrigado) de se voltar contra a coletividade que for, sem para tanto se apoiar em outra — uma força certamente diminuta, mas real. Há ocasiões em que uma força quase infinitesimal é decisiva. Uma coletividade é muito mais forte do que um homem sozinho; mas toda coletividade precisa de operações, das quais a soma é o exemplo elementar, que só se concretizam em um espírito que se encontre em estado de solidão.

Esse imperativo abre a possibilidade de uma ascendência do impessoal sobre o coletivo — quem dera pudéssemos tirar daí um método para colocar em prática.

Cada um dos que adentraram o domínio do impessoal encontra ali uma responsabilidade para com todos os seres humanos: a de proteger neles não a pessoa, mas tudo o que ela abrange em se tratando de possibilidades de passagem para o impessoal.

É a esses que deve se direcionar primeiro o chamado ao respeito ao caráter sagrado dos seres humanos. Pois, para que um apelo dessa natureza reverbere, cumpre que ele seja endereçado a seres suscetíveis de ouvi-lo.

É inútil explicar a uma coletividade que em cada uma de suas unidades há alguma coisa que ela não deve violar. Para começar, uma coletividade não é alguém, a não ser num contexto de ficção; ela não tem existência real, só abstrata; falar com ela (ou para ela) é uma operação fictícia. Em segundo lugar, se ela fosse alguém, seria um ente disposto a respeitar apenas a si próprio, e mais ninguém.

Além disso, o maior perigo não é a tendência do coletivo a reprimir a pessoa, mas sim a tendência desta a se precipitar, a se afogar no coletivo. Ou talvez o primeiro seja apenas a face saliente e enganadora do segundo.

Se é inútil dizer à coletividade que a pessoa é sagrada, também é inútil dizê-lo à própria pessoa. Ela não pode acreditar nisso. Não se sente assim. O que impede que se sinta sagrada é que, no fundo, ela não o é.

Se existem seres cuja consciência estabelece outra verdade, seres a quem sua própria pessoa confere um sentimento de sagrado que creem poder (por generalização) atribuir a qualquer pessoa, eles estão duplamente iludidos.

O que experimentam não é o sentimento do sagrado autêntico, mas sua imitação falsa engendrada pelo coletivo. Se nutrem esse sentimento por sua própria pessoa, é porque tal sentimento participa do prestígio coletivo pela consideração social ali depositada.

Desse modo, eles se equivocam ao pensar poder generalizar. Ainda que essa generalização errônea seja fruto de um gesto generoso, ela não é suficientemente virtuosa para que, aos olhos desses seres, a matéria humana anônima deixe de sê-lo. Mas é difícil que eles tenham a chance de perceber isso, dada sua falta de contato com ela.

No homem, a pessoa é uma coisa atordoada, que tem frio, que corre atrás de um refúgio, de um calor.

Aqueles em quem a pessoa é (ainda que apenas parcialmente) envolta calorosamente em consideração social o ignoram.

É por isso que a filosofia personalista teve seu começo e se difundiu não nos meios populares, mas nos círculos de escritores que, por ofício, têm ou esperam adquirir nome e reputação.

As relações entre a coletividade e a pessoa devem ser estabelecidas com o objetivo único de afastar o que é suscetível de impedir o crescimento e a germinação misteriosa da parte impessoal da alma.

Para tanto, é necessário, de um lado, que haja em torno de cada pessoa espaço e um grau de liberdade na organização do tempo, possibilidades de passagem a níveis de atenção cada vez mais elevados, solidão, silêncio. Ao mesmo tempo, cumpre que a pessoa esteja aquecida, para que a desorientação não a force a se afogar no coletivo.

Se tal é o bem, parece ser difícil avançar mais na direção do mal do que o faz a sociedade moderna, mesmo que democrática. Uma fábrica moderna talvez não esteja muito distante da fronteira do horror. Ali, cada ser humano é assediado continuamente, atingido pela interferência de desígnios externos; ao mesmo tempo, a alma está ao relento, desnorteada e abandonada. O homem precisa de um silêncio caloroso; dão a ele um pandemônio gelado.

O trabalho físico, ainda que seja penoso, não é por si só degradante. Não se trata de uma arte, tampouco de uma ciência; mas é uma terceira coisa, de valor absolutamente igual ao da arte e da ciência. Pois ele fornece uma possibilidade idêntica de acesso a uma forma impessoal de atenção.

Furar os olhos do jovem Watteau e fazê-lo girar uma moenda não teria sido um crime maior do que colocar para trabalhar numa linha de montagem ou sobre uma locomotiva um garotinho dotado para o ofício (e pago em moedas). Ocorre que, contrariamente à pintura, essa vocação não é discernível.

Exatamente na mesma medida que a arte e a ciência — ainda que de maneira distinta —, o trabalho físico encarna certo contato com a realidade, com a verdade, com a beleza deste universo e com a temperança eterna que o organiza.

É por isso que aviltar o trabalho é um sacrilégio, exatamente como pisar numa hóstia.

Se os que têm um trabalho sentissem que, ao surgir como vítimas deste, também são em certo sentido seus cúmplices, a resistência deles teria um impulso completamente distinto daquele que o pensamento sobre sua pessoa e seu direito pode lhes oferecer. Não se trataria de uma reivindicação, e sim do motim do ser como um todo, selvagem e desesperado, como a garota que querem instalar à força numa casa de tolerância. E seria, ao mesmo tempo, um grito de esperança oriundo do fundo do coração.

Esse sentimento reside neles, mas tão inarticulado que nem os próprios o conseguem identificar. Os profissionais da palavra não logram expressá-lo.

Quando se fala com eles de sua situação, normalmente é pelo viés do salário. Sob o peso do cansaço que transforma em dor qualquer esforço de atenção, eles recebem com alívio a clareza dos números.

Assim, esquecem-se de que o objeto que se mercantiliza, o que eles reclamam se ver forçados a entregar por migalhas, longe do preço justo, não é nada senão sua alma.

Imaginemos que o diabo esteja comprando a alma de um desventurado e que alguém, compadecendo-se do desditoso, intervenha no debate e dirija-se ao diabo: «É vergonhoso de sua parte oferecer esse preço; o objeto vale ao menos o dobro».

Essa farsa sinistra é a que interpretou o movimento operário, com seus sindicatos, seus partidos, seus intelectuais de esquerda.

O espírito mercantilista já estava implícito na noção de direito que as pessoas de 1789 tiveram a imprudência de colocar no centro do chamado que fizeram ao mundo. Destruíram assim de saída sua virtude.

A noção de direito é ligada à de partilha, de troca, de quantidade. Ela carrega algo comercial. Evoca por si mesma o processo judicial, a defesa de uma causa. O direito demanda um tom de reivindicação para se sustentar; quando este é adotado, é porque a força não está distante, por trás dele, para confirmá-lo — sem isso, ele é ridículo.

Há diversas noções situadas na mesma categoria que são completamente alheias, por si mesmas, ao sobrenatural e, no entanto, estão um pouco acima da força bruta. Todas elas estão ligadas aos costumes do animal coletivo, para usar a terminologia de Platão, quando este conserva traços de um adestramento imposto pela operação sobrenatural da graça. Quando as noções não recebem continuamente um sopro de renovação advindo do revigoramento dessa operação, quando elas são meros vestígios seus, terminam submetidas ao capricho do animal.

As noções de direito, pessoa e democracia estão nessa categoria. Bernanos teve a coragem de apontar que a democracia não oferece anteparo algum contra os ditadores. A pessoa é, por natureza, submissa à coletividade. O direito é, por natureza, dependente da força. As mentiras e equívocos que escamoteiam essas verdades são extremamente perigosos, pois impedem que se recorra ao que escapa à força (e ao mesmo tempo a preserva), ou seja, outra força, que é o brilho do espírito. A massa só é capaz de enfrentar a gravidade e subir nas plantas por meio da energia solar que o verde das folhas captou e que atua na seiva. A gravidade e a morte voltarão a ganhar terreno, progressiva e inexoravelmente, na planta privada de luz.

Entre essas mentiras está a do direito natural, lançada no século XVII materialista. Não por Rousseau, que era um espírito lúcido, poderoso e de inspiração verdadeiramente cristã, mas por Diderot e por meio da *Enciclopédia*.

A noção de direito nos vem de Roma. Como tudo o que vem da Roma antiga — a tal mulher cheia de nomes de blasfêmia de que fala o Apocalipse —, ela é pagã e não batizável. Os romanos, que tinham entendido (como Hitler) que a força só alcança eficácia plena se coberta de algumas ideias, usavam a noção de direito para esse fim. Ela se presta muito bem a isso. Acusa-se a Alemanha moderna de menosprezar o direito. Mas ela se fartou dele em suas reivindicações de nação proletária. É verdade que ela não reconhece para aqueles que subjuga outro direito além de obedecer. A Roma antiga, idem.

Incensar a Roma antiga por nos ter legado a noção de direito é absolutamente escandaloso. Pois, se queremos examinar o que era essa noção em seu berço, a fim de definir seus contornos, vemos que a propriedade era definida naquele tempo pelo direito de usar e abusar. Na verdade, a maioria das coisas de que um proprietário tinha o direito de usar e abusar eram seres humanos.

Os gregos não tinham noção de direito. Eles não possuíam palavras para expressá-la. Contentavam-se com o conceito de justiça.

Foi por uma confusão ímpar que se assimilou a lei não escrita de Antígona ao direito natural. Aos olhos de Creonte, não havia nada de natural no que fazia Antígona. Ele a julgava louca.

Não seríamos nós que poderíamos recriminá-lo, justo nós que, neste momento, pensamos, falamos e agimos exatamente como ele. O que pode ser verificado remetendo ao texto.

Antígona diz a Creonte: «Mas Zeus não foi o arauto delas para mim, nem essas leis são as ditadas entre os homens pela Justiça, companheira de morada dos deuses infernais»[3]. Creonte tenta convencê-la de que suas ordens eram justas; acusa-a de haver ofendido um de seus irmãos ao honrar o outro, já que a mesma homenagem no fim das contas fora concedida ao profanador e ao fiel, àquele que morreu tentando destruir sua pátria e àquele que caiu por defendê-la.

Ela diz: «A morte nos impõe as suas próprias leis». Ao que ele retruca, com bom senso: «Mas o homem bom não quer ser igualado ao mau». Ela só consegue articular uma tréplica absurda: «Quem sabe se isso é consagrado no outro mundo?».

A observação de Creonte é totalmente razoável: «Nem morto um inimigo passa a ser seu amigo». Mas a jovem

---

3   Sófocles, *Antígona*, in *A trilogia tebana*. Trad. Mário da Gama Kury. Rio de Janeiro: Zahar, 2006. versos 511-5. [N. E.]

ingênua responde: «Nasci para compartilhar amor, não ódio».

Então, Creonte, cada vez mais ponderado, diz: «Se tens de amar, então vai para o outro mundo, ama os de lá».[4]

Era lá, com efeito, o lugar verdadeiro dela. Pois a lei não escrita à qual a jovem obedecia, bem longe de ter qualquer aspecto em comum com o direito ou com o natural, era simplesmente o amor extremo, absurdo, que empurrou Cristo à cruz.

A justiça, companheira das divindades do outro mundo, prescreve esse excesso de amor. Nenhum direito poderia fazê-lo O direito não tem ligação direta com o amor.

A noção de direito é alheia tanto ao espírito grego quanto à inspiração cristã, no sentido de que é pura, não leva traços de herança romana, hebraica ou aristotélica. Não se consegue imaginar são Francisco de Assis falando em direito.

Se dizemos a alguém capaz de nos ouvir: «O que você está me fazendo não é justo», podemos atingir e despertar na fonte o espírito de atenção e amor. O mesmo não ocorrerá com frases como «Tenho o direito de...» ou «Você não tem o direito de...»; elas encerram uma guerra

---

4   Id., versos 593-600. [N. E.]

latente e excitam um espírito bélico. Posta no centro dos conflitos sociais, a noção de direito inviabiliza, de parte a parte, qualquer nuance de caridade.

É impossível, quando se faz uso quase exclusivo dessa noção, fixar a atenção sobre o problema verdadeiro. Um agricultor sobre o qual um comprador faz pressão escancarada numa feira para que venda seus ovos a um preço módico pode perfeitamente responder:

«Tenho o direito de ficar com meus ovos se não me oferecerem um preço suficientemente bom». Mas uma jovem que está sendo forçada a entrar numa casa de tolerância não invocará seus direitos. Numa situação assim, a palavra soaria ridícula, posto que insuficiente.

É por isso que o drama social, que é análogo à segunda situação, foi identificado erroneamente (pelo uso do termo) como análogo à primeira.

O emprego dessa palavra fez do que deveria ser um grito saído do fundo das entranhas um queixume reivindicatório agudo, destituído de pureza ou de eficácia.

A noção de direito conduz naturalmente, por sua própria mediocridade, à de pessoa, pois o direito é relativo às coisas pessoais. Ele se situa nesse nível.

Acrescentando à palavra «direito» o

vocábulo «pessoa» — o que resulta no direito da pessoa ao que chamamos de realização —, faríamos um mal ainda maior. O grito dos oprimidos desceria a profundezas maiores que o tom de reivindicação: assumiria o tom da inveja.

Pois a pessoa só se realiza quando o prestígio social a envaidece; sua realização é um privilégio social. Não se diz isso às multidões quando se fala a elas do direito das pessoas. Diz-se o contrário. Elas não dispõem de um poder de análise suficientemente agudo para reconhecer isso por si próprias. Mas o sentem, sua vivência cotidiana lhes dá a certeza desse postulado.

Eis um motivo para que elas rechacem essa palavra de ordem. Em nossa época de inteligência obscurecida, ninguém se opõe a pleitear uma divisão equânime dos privilégios, das coisas que são privilégios em sua essência. Trata-se de uma espécie de reivindicação tão absurda quanto baixa; absurda porque, por definição, o privilégio é desigual; baixa pois este não merece ser almejado.

Mas a categoria dos homens que formulam as reivindicações e todas as coisas, que detêm o monopólio da linguagem, é uma categoria de privilegiados. Não são eles que dirão que o privilégio não merece ser almejado. Eles não pensam assim. Mas, sobretudo, seria indecente da parte deles afirmá-lo. Muitas verdades indispensáveis e que salvariam os homens não são enunciadas por uma razão como esta: os que poderiam dizê-las não as podem formular, enquanto os que as poderiam formular não conseguem dizê-las. O antídoto a esse mal constituiria uma das pautas urgentes de uma política verdadeira.

Em uma sociedade instável, os privilegiados têm consciência pesada. Alguns a disfarçam adotando um ar desafiador e falando às multidões: «É perfeitamente razoável que vocês não tenham privilégios, mas eu sim». Outros lhes dizem com amabilidade: «Reivindico para vocês a mesma parcela de privilégios que detenho».

A primeira atitude é odiosa. A segunda, destituída de bom senso. Além de fácil demais.

Ambas incitam o povo a se precipitar na trilha do mal, a se afastar de seu único e verdadeiro bem, que não está em suas mãos, mas que, de certo modo, está bem perto dele. Ele, o povo, está muito mais perto de um bem autêntico, que seja fonte de beleza, verdade, alegria e plenitude, do que aqueles que lhe concedem sua piedade. Mas ainda não estando lá e não sabendo como chegar, é como se ele ainda estivesse infinitamente distante. Aqueles que falam em seu nome e para ele são incapazes de compreender tanto a perplexidade em que o povo se encontra quanto o bem pleno que está quase ao alcance dele. E, para o povo, ser compreendido é indispensável.

O infortúnio é por si só inarticulado. Os desditosos suplicam silenciosamente que lhes sejam dadas palavras para se expressarem. Há épocas em que eles não são ouvidos. Em outras, os termos lhes são fornecidos, mas são mal escolhidos, pois os que o fazem desconhecem o malogro que interpretam.

Eles estão distantes quase sempre por causa do lugar em que foram postos pelas circunstâncias. Mas, mesmo que estejam próximos da desdita, ou a tenham conhecido em um período de suas vidas (recente que seja), permanecem alheios a ela, porque distantes se puseram assim que foi possível.

A mente despreza refletir sobre o infortúnio tanto quanto a carne viva repudia a morte. A cena de um cervo se oferecendo voluntariamente, passo após passo, aos dentes de uma matilha é tão verossímil quanto a de um gesto de atenção dirigido a um malogro real e bem próximo por parte de um espírito que pode perfeitamente se abster desse ato.

O que, sendo indispensável ao bem, é impossível por natureza é sempre possível em termos sobrenaturais.

O bem sobrenatural não é uma espécie de complemento ao bem natural, como se gostaria de fazer crer (com a ajuda de Aristóteles) para o conforto geral. Seria agradável que fosse assim, mas não é. Para todos os problemas dilacerantes da existência humana, existe apenas a escolha entre o bem sobrenatural e o mal.

Colocar na boca dos desafortunados palavras que pertencem à região intermediária dos valores, como democracia, direito e pessoa, é lhes oferecer um presente incapaz de lhes trazer qualquer bem — e que inevitavelmente lhes fará mal.

Essas noções não têm guarida no céu, elas estão suspensas no ar, e, por isso mesmo, não se é capaz de jogá-las por terra.

Só a luz que cai sem parar do céu fornece a uma árvore a energia para fincar profundamente na terra poderosas raízes. A árvore na verdade está enraizada no céu.

Apenas o que emana do céu é capaz de deixar uma marca efetiva sobre a terra.

Se pretendemos municiar os desventurados de modo eficaz, só devemos colocar em sua boca palavras que residem no céu, para além dele, no outro mundo. Não se deve temer que isso seja impossível. A desdita predispõe a alma a receber avidamente, a beber tudo o que vem desse lugar. O que falta para esse tipo de produto é fornecedor, e não consumidor.

O critério para a escolha das palavras é fácil de reconhecer e de empregar. Os desafortunados, submersos no mal, aspiram ao bem. Só se devem dar a eles termos que expressem o bem, um bem em estado puro. A triagem é fácil. As palavras às quais pode se associar alguma coisa que designa um mal são estranhas ao bem puro. Emitimos uma desaprovação ao dizer: «Ele se gaba de sua própria pessoa». A pessoa é, portanto, estranha ao bem. Pode-se falar num abuso da democracia. A democracia então é também alheia ao bem. O fato de haver um direito implica a possibilidade de fazer um bom ou mau uso dele. O direito é, dessa maneira, estrangeiro ao bem. No sentido contrário, a conclusão de uma obrigação é sempre um bem, em qualquer lugar. A verdade, a beleza, a justiça, a compaixão, idem.

Para ter certeza de que se diz o que é preciso, basta se ater (quando se trata das aspirações dos infelizes) às palavras e às frases que expressam sempre, em qualquer lugar, somente o bem.

É um dos dois únicos auxílios que lhes podemos dar por meio das palavras. O outro é achar vocábulos que transmitam a verdade de seu malogro; que, por obra de circunstâncias externas, façam ecoar o grito emitido em silêncio: «Por que me fazem mal?».

Para tanto, os desventurados não devem contar com os homens de talento, as personalidades, as celebridades, nem mesmo com os homens geniais no sentido em que se emprega com frequência o adjetivo (confundindo-o com o substantivo «talento»). Só devem contar com os gênios de primeiríssima categoria: o poeta da *Ilíada*, Ésquilo, Sófocles, o Shakespeare de *Rei Lear*, o Racine de *Fedra*. São poucos.

Mas há um bom número de seres humanos que, sendo mal ou mediocremente dotados pela natureza, parecem infinitamente inferiores não apenas a Homero, Ésquilo, Sófocles, Shakespeare e Racine, mas também a Virgílio, Corneille e Victor Hugo. E que, não obstante, residem no reino dos bens impessoais a que nenhum desses últimos chegou.

Um bronco de um vilarejo que tenha profundo apreço pela verdade, ainda que nunca vá emitir algo além de balbucios, é pelo pensamento infinitamente superior a Aristóteles. Ele está muito mais próximo de Platão do que Aristóteles jamais esteve. Tem uma aptidão, um dom, ao passo que, para Aristóteles, só convém a palavra «talento». Se uma fada viesse lhe propor trocar seu destino por um análogo ao do pensador, a escolha sábia seria recusar sem hesitação. Mas ele nada sabe. Ninguém lhe diz. Todo mundo lhe fala o contrário. É preciso dizer isso a ele. Devem-se estimular os idiotas, as pessoas sem talento, de talento medíocre ou só um pouco acima da média, mas que tenham um dom. Não se deve temer torná-las arrogantes. O amor pela verdade sempre se faz acompanhar de humildade. O dom genuíno nada mais é do que a virtude sobrenatural de humildade no campo do pensamento.

Em vez de estimular o florescimento dos talentos, como se propunha em 1789, é preciso reverenciar e acalentar com respeito enternecido o desenvolvimento da aptidão; porque só os heróis puros de fato, os santos e os gênios podem socorrer os desditados. Entre os dois, as pessoas talentosas, inteligentes, prenhes de energia e de personalidade se interpõem e impedem o socorro. Não se deve atentar de modo algum contra essa barreira, mas é necessário deslocá-la suavemente para o lado, cuidando para que ela não se dê conta disso. E cumpre derrubar o muro bem mais perigoso do coletivo, suprimindo tudo o que, em nossas instituições e em nossos hábitos, serve de moradia ao espírito de partido. Nem as personalidades nem os partidos jamais abrem suas portas para a verdade e para o malogro.

Há uma aliança natural entre a verdade e o infortúnio, porque ambos são suplicantes mudos, condenados a permanecer sem voz diante de nós por toda a eternidade.

Como um mendigo acusado de ter pegado uma cenoura numa plantação se ergue diante do juiz que, sentado confortavelmente, enfileira questões, comentários e gracejos elegantes, enquanto o interlocutor mal consegue articular — assim se posta a verdade diante de uma inteligência preocupada em organizar opiniões graciosamente.

A linguagem, mesmo no homem que parece se calar, é sempre o que formula as opiniões. A faculdade natural a que chamamos inteligência está relacionada às opiniões e à linguagem. Esta enuncia relações, mas poucas, porque se estende no tempo. Se ela é confusa, vaga, pouco rigorosa, sem ordem, se o espírito que a emite ou que a ouve não tem capacidade de guardar em si um pensamento ativo, a linguagem é vazia ou quase vazia de qualquer conteúdo real de relações. Por outro lado, se ela é perfeitamente clara, precisa, rigorosa, ordenada; se endereça-se a um espírito capaz, depois de ter concebido um raciocínio, de mantê-lo vívido enquanto engendra outro, e então de guardar esse par enquanto desenvolve um terceiro raciocínio, e assim por diante; nesse caso, a linguagem pode ser relativamente rica em relações. Como toda riqueza, entretanto, essa bonança relativa constitui uma miséria atroz, se comparada à perfeição, que é o que se deve desejar.

Um espírito preso à linguagem está encarcerado, quer queira, quer não. Seu limite é a quantidade de relações que as palavras podem ativar nele ao mesmo tempo. Ele ignora os pensamentos que implicam a combinação de um número maior de relações; esses pensamentos estão fora da linguagem, não são formuláveis, ainda que sejam perfeitamente rigorosos e claros — e ainda que cada uma das relações que os compõem seja passível de expressão em vocábulos precisos. Dessa forma, o espírito se move em um espaço fechado de verdade parcial (que pode ser maior ou menor), sem nunca poder espiar o que há fora dali. Se um espírito cativo desconhece seu próprio cativeiro, vive no erro. Se ele o identificou, ainda que por um décimo de segundo, e se apressou em esquecê-lo para não sofrer, reside na mentira. Homens dotados de inteligência fulgurante podem nascer, viver e morrer no erro e na mentira. Neles, a inteligência não representa um bem, nem mesmo uma vantagem. A diferença entre homens mais ou menos inteligentes é como aquela entre os criminosos condenados à prisão perpétua cujas celas variam de tamanho. Um homem inteligente e orgulhoso em sê-lo parece com um condenado orgulhoso de ter uma cela grande.

Um espírito que se percebe cativo gostaria de dissimular essa situação para si mesmo. Porém, se repudia a mentira, não o fará. Amargará então muito sofrimento. Ele se baterá contra a muralha até desmaiar; acordará, encarará a muralha com temor, e um dia recomeçará e novamente perderá os sentidos; e assim seguidamente, sem fim, sem esperança. Um dia ele acordará do outro lado do muro.

Quiçá ele ainda esteja cativo, mas num ambiente mais espaçoso. E daí? Ele agora possui a chave, detém o segredo que faz caírem os muros. Está além do que os homens chamam de inteligência, encontra-se ali onde começa a sabedoria.

Todo espírito preso na linguagem só é capaz de opiniões. Todo espírito que se fez capaz de assimilar pensamentos inexpressáveis por causa da quantidade de relações que se combinam neles — ainda que mais rigorosos e luminosos do que os que a linguagem mais precisa consegue traduzir —, todo espírito que conseguiu chegar a esse ponto já tem morada na verdade. A convicção e a fé sem sombra lhe pertencem. E pouco importa que ele tenha sido na origem pouco ou muito inteligente, que ele tenha estado numa cela estreita ou larga. Só o que importa é que, tendo chegado ao limite de sua própria inteligência (independentemente do quão grande ou pequena ela possa ter sido), ele a tenha ultrapassado. Um bronco de um vilarejo está tão próximo da verdade quanto uma criança prodígio. Ambos estão separados dela apenas por uma muralha. Não se adentra a verdade sem ter atravessado a destruição de si mesmo, sem ter vivido por muito tempo num estado de humilhação total e extrema.

Trata-se do mesmo obstáculo que dificulta o conhecimento do infortúnio. Assim como a verdade não é o mesmo que a opinião, a miséria não equivale ao sofrimento. O malogro é um mecanismo que tritura a alma; o homem que é apanhado por ele é como um operário agarrado pelos dentes de uma máquina. Vira nada mais do que uma coisa rasgada e sanguinolenta.

O grau e a natureza do sofrimento que constitui o infortúnio variam muito de um ser humano para outro. Dependem sobretudo da quantidade de energia vital que se tinha no ponto de partida e da postura adotada diante do sofrimento.

A mente humana não pode reconhecer a realidade do malogro. Se alguém o faz, deve dizer a si mesmo: «Uma combinação de circunstâncias que não controlo pode me tirar o que quer que seja, a qualquer hora, incluindo todas as coisas que são tão minhas que considero como sendo eu mesmo. Não há nada em mim que eu não possa perder. Um acaso pode a qualquer momento abolir o que sou e colocar no lugar alguma arbitrariedade vil e desprezível».

Pensar dessa forma com toda sua alma é sentir o vazio, o nada. É o estado de humilhação total e extrema que é também a condição para uma passagem à verdade. É uma morte da alma. Eis aí o porquê de o espetáculo do infortúnio nu causar na alma o mesmo encolhi- mento que a aproximação da morte ocasiona na carne.

Pensamos nos mortos com piedade quando os evocamos somente com o espírito, ou quando visitamos tumbas, ou quando os vemos convenientemente alongados sobre uma cama. Mas a imagem de certos cadáveres como que atirados em um campo de batalha, a um só tempo sinistra e grotesca, causa horror. A morte surge nua, sem vestimentas, e a carne treme.

Quando a distância material ou moral só permite que se contemple o infortúnio de maneira vaga, confusa, sem distingui-lo de um sofrimento simples, ele inspira em almas generosas uma compaixão terna. Mas, quando determinado arranjo de circunstâncias faz com que ele seja posto a nu, representando algo destruidor, uma espécie de mutilação ou lepra da alma, trememos e recuamos. E os próprios desditados experimentam a mesma palpitação de horror diante de si.

Ouvir uma pessoa é se colocar em seu lugar enquanto ela fala. Colocar-se no lugar de um ser cuja alma está mutilada pelo malogro ou periga sê-lo em breve é aniquilar sua própria alma. Isso é ainda mais difícil do que seria o suicídio de uma criança feliz. Dessa forma, os desditados não são ouvidos. Eles se encontram em um estado semelhante ao de alguém de quem se tivesse cortado a língua e que esquecesse momentaneamente sua enfermidade. Seus lábios se agitam, e som nenhum vai ao encontro dos ouvidos. Eles próprios são subitamente tomados pela impotência no uso da linguagem, certos de que não serão escutados.

Por isso é que não há esperança para o mendigo em pé diante do magistrado. Se por entre seus balbucios desponta algo dilacerante, que penetra a alma, isso não será ouvido nem pelo juiz nem pelos espectadores. Será um grito mudo. Também entre eles, os desafortunados são quase sempre surdos uns aos outros. E cada um deles, sob a pressão da indiferença geral, tenta pela mentira ou pela inconsciência se fazer surdo a si próprio.

Somente a operação sobrenatural da graça faz uma alma atravessar sua própria destruição até o local em que se colhe esta espécie exclusiva de atenção que permite ter em conta a verdade e o infortúnio. Essa atenção é a mesma para ambos. Ela é intensa, pura, sem motivo, gratuita, generosa. Essa atenção é amor.

Dado que o malogro e a verdade demandam a mesma atenção para serem ouvidos, o espírito de justiça e o espírito de verdade se fundem em um só. O espírito de justiça e de verdade não é nada mais do que algum tipo de atenção, que é amor puro.

Por uma disposição eterna da Providência, tudo o que um homem produz (em qualquer área) quando está prenhe do espírito de justiça e de verdade se orna do brilho da beleza.

A beleza é o mistério supremo daqui de baixo. Trata-se de um brilho que solicita a atenção, mas não lhe fornece nenhum motivo para durar. A beleza sempre promete e nunca entrega; ela provoca fome, mas não leva em si alimento para a parte da alma que tenta se satisfazer aqui embaixo; só tem comida para o segmento da alma que contempla. Ela engendra o desejo, e ao mesmo tempo faz sentir claramente que não há em si nada a desejar, pois o que se quer, acima de tudo, é que nada nela mude. Se não buscamos expedientes para fugir do tormento delicioso que ela inflige, o desejo aos poucos se transforma em amor, e forma-se um embrião da faculdade de atenção gratuita e pura.

O malogro é tanto mais repulsivo quanto mais soberanamente bela é sua expressão verdadeira. Podemos dar como exemplos, mesmo em séculos recentes, *Fedra*, *Escola de mulheres*, *Rei Lear*, os poemas de Villon e ainda mais as tragédias de Ésquilo e Sófocles; e, em nível superior, os relatos da Paixão nos evangelhos. O brilho da beleza se alastra sobre o infortúnio pela luz do espírito de justiça e de amor, o único que permite a um pensamento humano contemplar e reproduzir o malogro tal como é.

Todas as vezes que um fragmento de verdade inexpressável se traduz em palavras que — sem lograr encarnar a verdade que as inspirou — têm com ela uma correspondência de arranjo tão perfeita que fornecem apoio a todo espírito desejoso de encontrá-la, todas as vezes que isso se produz, um brilho de beleza se espalha sobre as palavras.

Tudo o que provém do amor puro é iluminado pelo brilho da beleza.

A beleza é perceptível, mesmo que de modo confuso e misturada a muitas imitações falsas, no interior da cela em que toda mente humana está inicialmente encarcerada. A verdade e a justiça de língua cortada não podem esperar o socorro de outrem. A beleza tampouco possui uma linguagem; ela não fala, não diz nada. Mas é dotada de uma voz para chamar. Chama e mostra a justiça e a verdade, que não têm voz. Da mesma forma que um cão late para chamar pessoas para perto de seu dono, que jaz inerte sobre a neve.

Justiça, verdade e beleza são irmãs e aliadas. Com três palavras tão belas não é mister buscar outras.

A justiça consiste em zelar para que não se faça mal aos homens. Isso acontece quando um ser humano grita, interiormente: «Por que é que estão me maltratando?». Ele com frequência se engana ao tentar perceber que mal lhe é infligido, quem o inflige e por quê. Seu grito, porém, é infalível. O outro grito sempre ouvido («Por que o outro tem mais do que eu?») se relaciona com o direito. É preciso saber distingui-los e calar o segundo tanto quanto possível, com o mínimo de brutalidade, valendo-se da lei, de tribunais ordinários e da polícia. Para formar espíritos capazes de solucionar os problemas situados nesse campo, a escola de direito basta.

Mas o grito «Por que me fazem mal?» levanta questões de outra ordem, às quais é indispensável o espírito de verdade, justiça e amor.

Em toda alma humana manifesta-se continuamente o pedido de que não lhe seja feito mal. O texto do Pater dirige esse pedido a Deus. Mas Deus só pode preservar do mal a parte eterna da alma que entrou em contato real e direto com ele. O resto da alma (ou a alma inteira, naquele a quem não foi outorgada a graça do contato real e direto com Deus) é largado aos quereres dos homens e ao acaso das circunstâncias.

Cabe aos homens, portanto, zelar para que não seja feito mal a eles.

O mal efetivamente penetra naquele a quem maltratamos; e não se trata exclusivamente da dor, do sofrimento, mas também do horror inerente ao mal. Assim como têm o poder de transmitir o bem uns aos outros, os homens podem passar o mal entre si. Pode-se transmitir o mal a um ser humano elogiando-o, dando a ele bem-estar e prazeres. Mas, quase sempre, os homens transmitem o mal uns aos outros maltratando-se.

Entretanto, a Sabedoria eterna não deixa a alma humana à mercê do acaso dos acontecimentos e do querer dos homens. O mal infligido do exterior a um ser humano sob a forma de ferimento acentua o desejo do bem e suscita automaticamente a possibilidade de um antídoto. Quando a ferida penetrou nas profundezas, o bem almejado é o bem totalmente puro. A parte da alma que pergunta «Por que me fazem mal?» é a parte profunda que, mesmo no ser humano mais aviltado, permaneceu intacta e inocente desde a primeira infância. Preservar a justiça e proteger os homens de todo mal é, antes de mais nada, impedir que os maltratem. No caso dos que já foram maltratados, é apagar as consequências materiais desse ato, colocar as vítimas em uma situação na qual a ferida, se não penetrou nas profundezas, possa ser curada naturalmente pelo bem-estar. Mas, naqueles em quem o ferimento rasgou toda a alma, é primordial matar a sede dando-lhes para beber o bem puro.

Pode haver a obrigação de infligir o mal para suscitar a sede e, por extensão, a saciedade. É nisso que consiste o castigo. Aqueles que se tornaram alheios ao bem a ponto de tentar difundir o mal em torno de si só podem ser reintegrados no bem pela imposição do mal. É necessário infligir o mal até que desperte no fundo de si mesmos a voz inocente que indaga, com espanto: «Por que me maltratam?». Essa parte inocente da alma do criminoso deve receber alimento e crescer até se constituir em tribunal interno da própria alma, destinado a julgar os crimes pretéritos, a condená-los e por fim, com o auxílio da graça, a perdoá-los. Assim, termina a operação do castigo: o culpado é reintegrado ao bem e deve ser pública e solenemente reintegrado à cidade.

O castigo nada mais é do que isso. Nem mesmo a pena capital — ainda que exclua a reintegração à cidade, no sentido literal — deve ser outra coisa. O castigo é apenas um expediente para dar o bem puro a homens que não o desejam; a arte de punir é a de despertar nos criminosos o desejo do bem puro, seja pela dor, seja pela morte.

Mas nós perdemos até essa noção de castigo. Não sabemos mais que ele consiste em fornecer o bem. Para nós, ele se encerra na imposição do mal. É por isso que há apenas uma coisa na sociedade moderna mais atroz do que o crime: a justiça repressora.

Fazer da ideia de justiça repressora o motor central do esforço de guerra e de revolta é mais perigoso do que qualquer um pode imaginar. Se por um lado é preciso usar o medo para diminuir a atividade criminosa dos covardes, por outro é vil fazer da justiça repressora, como a concebemos em nossa ignorância, o fundamento dos heróis.

Todas as vezes que um homem de hoje fala em castigo, em punição, em recompensa, em justiça no sentido punitivo, trata-se apenas da mais baixa vingança.

Fazemos tão pouco caso do castigo, esse tesouro do sofrimento e da morte violenta, que Cristo tomou para si e oferece amiúde àqueles que ama, que o atiramos aos seres que nos parecem mais vis, cientes de que eles não o usarão e sem disposição alguma de ajudá-los a utilizá-lo.

Aos criminosos, o verdadeiro castigo; aos desditados cujo fundo da alma o infortúnio abandonou, uma ajuda capaz de levá-los a saciar sua sede nas fontes sobrenaturais; a todos os outros, um pouco de bem-estar, muita beleza e proteção contra aqueles que lhes querem infligir o mal. Em todo lugar, limites rigorosos ao tumulto das mentiras, das propagandas e das opiniões — e o estabelecimento de um silêncio em que a verdade possa germinar e amadurecer. É isso que se deve aos homens.

Para garanti-lo, só podemos contar com esses seres que passaram para o lado de lá de certo limite. Haverá quem diga que são em pequeno número. É provável que sejam raros, mas ainda assim não se pode contá-los; a maioria está escondida. O bem puro só é enviado do céu aqui para baixo em quantidade imperceptível, seja em cada alma, seja na sociedade. «A semente de mostarda é a menor das sementes.» Proserpina só comeu uma semente de romã. Uma pérola enterrada no fundo de um campo não é visível. Não se distingue o fermento misturado à massa.

Mas, assim como catalisadores e bactérias (dos quais o fermento é um exemplo) operam em reações químicas, nas coisas humanas sementes de bem puro imperceptíveis atuam de modo decisivo pelo simples fato de estarem presentes — desde que colocadas no lugar certo.

E como colocá-las no lugar certo?

Muito seria alcançado se, entre aqueles que têm a função de mostrar ao público as coisas que se devem louvar, admirar, almejar, buscar, pedir, ao menos alguns tratassem de desprezar em seus corações, em caráter absoluto e sem exceção, tudo o que não é o bem puro, a perfeição, a verdade, a justiça e o amor.

Ainda mais seria feito se a maioria dos que hoje detêm fragmentos de autoridade espiritual se sentisse obrigada a jamais oferecer às aspirações humanas algo que não fosse o bem real e perfeitamente puro.

Quando falamos do poder das palavras, trata-se sempre de um poder de ilusão e de equívoco. Mas, por causa de uma disposição providencial, existem certas palavras que, se bem empregadas, têm a virtude de iluminar e de elevar rumo ao bem. São aquelas a que corresponde uma perfeição absoluta, que nos é inapreensível. A virtude de iluminação e de impulsão reside ali mesmo naquelas palavras, nelas como tais, e não em alguma concepção ou entendimento. O que expressam é inconcebível.

Deus e verdade são palavras como essas. Assim como justiça, amor, bem.

Palavras dessa natureza são perigosas de usar. Seu emprego é uma provação extrema. Para que seu uso seja legítimo, é preciso ao mesmo tempo não encerrá-las em uma concepção humana e acrescê-las de concepções e ações direta e exclusivamente inspiradas por sua luz. Senão elas são reconhecidas de pronto por todos como mentiras.

São companheiras incômodas. Palavras como «direito», «democracia» e «pessoa» são mais agradáveis. Nesse sentido, são preferíveis aos olhos dos que assumiram funções públicas, mesmo que com boas intenções. As funções públicas não têm outro significado além da possibilidade de fazer bem aos homens, e aqueles que as assumem com boas intenções desejam espalhar o bem entre seus contemporâneos. Mas geralmente cometem o erro de acreditar que poderão adquirir isso por um preço módico.

As palavras da região intermediária — «direito», «democracia», «pessoa» — são de bom-tom nessa circunscrição, a das instituições intermediárias. A inspiração que origina todas as instituições (aquela da qual essas são espécies de projeções) demanda outra linguagem.

A subordinação da pessoa ao coletivo faz parte da natureza das coisas, como a do grama ao quilograma em uma balança. Mas uma balança pode ser tal que o quilograma ceda ao grama. Basta que um de seus braços seja mil vezes mais longo que o outro. A lei do equilíbrio prevalece soberana sobre as desigualdades de peso. Mas nunca o peso inferior triunfará sobre o superior sem uma relação entre eles em que a lei do equilíbrio esteja cristalizada.

Da mesma forma, a pessoa só pode ser protegida contra o coletivo (e a democracia, garantida) se o bem superior se cristalizar na vida pública. Ele é impessoal e não tem relação com nenhuma forma política.

É verdade que a palavra «pessoa» é aplicada com frequência a Deus. Mas, na passagem em que Cristo apresenta Deus aos homens como modelo de uma perfeição que lhes é determinado alcançar, ele não cola a Deus apenas a imagem de uma pessoa, mas sobretudo a de uma ordem impessoal: «Desse modo vos tornareis filhos do vosso Pai, que está nos céus, porque Ele faz nascer o seu sol igualmente sobre maus e bons e cair a chuva sobre justos e injustos».

Essa ordem impessoal e divina do universo tem por imagem entre nós a justiça, a verdade e a beleza. Nada que seja inferior a elas é digno de servir de inspiração aos homens que aceitam morrer.

Acima das instituições que se destinam a proteger o direito, as pessoas e as liberdades democráticas, é preciso inventar outras, voltadas para identificar e abolir tudo o que, na vida contemporânea, esmaga as almas sob o jugo da injustiça, da mentira e da feiura.

É mister inventá-las, pois são desconhecidas — e é impossível duvidar de que sejam indispensáveis.

Últimos volumes publicados

5 A língua de Trump
Bérengère Viennot
6 O liberalismo em
retirada
Edward Luce
7 A voz da educação
liberal
Michael Oakeshott
8 Pela supressão dos
partidos políticos
Simone Weil
9 Direita e esquerda
na literatura
Alfonso Berardinelli
10 Diagnóstico
e destino
Vittorio Lingiardi
11 A piada judaica
Devorah Baum
12 A política do
impossível
Stig Dagerman
13 Confissões
de um herético
Roger Scruton
14 Contra Sainte-Beuve
Marcel Proust
15 Pró ou contra
a bomba atômica
Elsa Morante
16 Que paraíso é esse?
Francesca Borri
17 Sobre a França
Emil Cioran
18 A matemática
é política
Chiara Valerio
19 Em defesa do fervor
Adam Zagajewski
20 Aqueles que
queimam livros
George Steiner
21 Instruções para se
tornar um fascista
Michela Murgia
22 Ler e escrever
V. S. Naipaul
23 Instruções para
os criados
Jonathan Swift
24 Pensamentos
Giacomo Leopardi
25 O poeta e o tempo
Marina Tsvetáeva
26 O complô no poder
Donatella Di Cesare
27 Sobre o exílio
Joseph Brodsky
28 Uma mensagem
para o século XXI
Isaiah Berlin
29 A nossa necessidade
de consolação
Stig Dagerman
30 Sobre a estupidez
Robert Musil
31 Aqueles que
queiman livros
George Steiner
32 Picasso
Gertrude Stein
33 Caderno
de Talamanca
E. M. Cioran